Mae'r llyfr hwn yn eiddo i:

I'm merched, Tallulah a Violet. Does dim geiriau i fynegi faint dwi'n eich caru. I.McG.

I'm tri blodyn bach, Sofi, Abi a Violeta. C.E.

Gardd Gwenno
Cyhoeddwyd yn 2023 gan Graffeg Cyf.

Cyhoeddwyd yn wreiddiol dan y teitl *April's Garden* gan Graffeg Cyf. yn 2023. Testun gan Isla McGuckin © 2023. Darluniau gan Catalina Echeverri © 2023. Addasiad gan Anwen Pierce. Dylunio a chynhyrchu © Graffeg

Graffeg Cyf., 24 Canolfan Fusnes Parc y Strade, Ffordd Mwrwg, Llangennech, Llanelli, Sir Gaerfyrddin SA14 8YP, Cymru, DU. Ffôn 01554 824000. www.graffeg.com.

Mae cofnod catalog CIP ar gyfer y llyfr hwn ar gael o'r Llyfrgell Brydeinig.

Cyhoeddwyd gyda chymorth ariannol Cyngor Llyfrau Cymru. www.gwales.com.

ISBN 9781802586053

1 2 3 4 5 6 7 8 9

MIX
Paper from responsible sources
FSC® C014138

Gardd Gwenno

Isla McGuckin Catalina Echeverri

GRAFFEG bach

Doedd Gwenno ddim yn hapus.

Cyn iddyn nhw symud, dywedodd Mam,

“Fe ddaw pethau’n well.

Fe gawn ni ein stafell ein hunain, yn y lle newydd.
Mae’n fawr.
Mae gardd yno.”

Roedd Mam yn iawn
am y lle newydd – roedd yn fawr.

Roedd drws ar ôl drws yno, a phob un
ar gau, a phobl ddistaw y tu ôl iddyn nhw.

Ond doedd dim plant yno, heblaw am Gwenno.

A'r ardd ...

Roedd hi'n glawio cymaint, ni allai

Gwenno feddwl sut allai pethau ...

... byth ddod yn well.

Dywedodd Mam,
"Tynna lun o ardd dy freuddwydion. Mae'r menywod caredig wedi dod â phapur a phensiliau lliw."

Felly tynnodd Gwenno lun.

Ac meddai Mam dan wenu, “Gallwn ni gynilo er mwyn cael lle i ni’n hunain.”

Yna dywedodd Mam,
“Dere i ni gael gweld beth
arall sy yn y bagiau ’na.”

Edrychodd Gwenno.

Roedd yna ddol gyda gwallt clymog, blêr.

Roedd yna lyfrau lliwio yn llawn lluniau rhywun arall.

Ac roedd yna set o gwpanau bach.

"Pethau i fabis!" cwynodd Gwenno.

“Mae wedi
stopio glawio,”
meddai Mam.

“Cer allan am
awyr iach.”

Aeth Gwenno
allan.

Yn yr ardd roedd yna byllau dŵr ym mhob man. Ciciodd Gwenno garreg i'w canol.

Meddyliodd beth fyddai barn Mam am gael pysgodyn aur.

Gallai ddychmygu beth fyddai ateb Mam am y pysgodyn. "Gallwn ni gynilo er mwyn cael lle i ni'n hunain."

Felly penderfynodd Gwenno beidio gofyn.

Dechreuodd fwrw glaw eto. Aeth Gwenno yn ôl i'r tŷ.

Dywedodd Mam, "Mae'r menywod wedi dod â chylchgronau hefyd.

Edrycha, mae 'na becynnau hadau yn rhai ohonyn nhw.

Gallet ti ddefnyddio'r cwpanau bach fel potiau."

Felly anwybyddodd Gwenno y glaw a rhedodd yn ôl i'r ardd.

Rhoddodd fwd ym mhob cwpan.

Planodd hadau blodau
o bob lliw a llun, a phob
hedyn yn llawn addewid.

Ac yna ...

Arhosodd Gwenno.

Arhosodd.

Dywedodd Mam,
“Mae blodau’n cymryd amser i dyfu. Bydd yn amyneddgar, Gwenno.”

Ceisiodd Gwenno wneud ei gorau.

Ceisiodd.

A cheisiodd.

Dywedodd Mam un tro,

"Mae gobaith yn beth hyfryd a hudolus, Gwenno. Mae'n gwneud i ti deimlo'n hapus, beth bynnag sy'n digwydd."

Ond doedd dim byd yn teimlo'n obeithiol nac yn hyfryd nac yn hudolus.

Felly gwaeddodd Gwenno, “Dwi’n casáu’r lle ’ma!”

Ddywedodd Mam ddim byd.

Rhedodd Gwenno o’r stafell.

Un tro, amser maith yn ôl, roedd Mam wedi dweud, “Mae pethau hyfryd ar fin digwydd. Plis creda fi.”

Roedd Gwenno eisiau gwybod pryd byddai’r pethau hyfryd yn digwydd.

Roedd hi am iddyn nhw ddigwydd nawr.

Teimlai Gwenno yn flin.

Stampiodd ei thraed.

Gwaeddodd ar y cymylau
trwm uwch ben,

Yna teimlodd Gwenno yn llai blin.

Aeth yr wythnosau heibio.

A'r misoedd.

Daeth diwrnod i hel pethau at ei gilydd a symud ymlaen.

O'r diwedd, dywedodd Mam,

"Dyma ein cartref ni."

Daethon nhw â'r cwpanau bach yn llawn mwd.

"Mae angen i ti ffeindio lle da ar eu cyfer nhw," meddai Mam.

Ond doedd Gwenno ddim yn gwrando.

Roedd hi wedi sylwi ar rywbeth.

Roedd egin pitw gwyrdd
yn dechrau tyfu
drwy'r mwd.

Dros yr wythnosau a'r misoedd nesaf, trodd yr egin pitw gwyrdd yn flodau o bob lliw a llun.

Ac roedd Gwenno ...

Yn Hapus.

Isla McGuckin

Breuddwydiwr yw Isla McGuckin. Mae'n llenor ac yn fam falch i'w merched. Yn fythol obeithiol, cred Isla fod gan eiriau'r gallu i agor calonnau, newid meddyliau a gwneud y byd yn lle gwell.

Wedi'i geni a'i magu yn swydd Efrog, mae hi bellach yn byw yn Donegal, ac mae wrth ei bodd yn ei chartref, sef tŷ pitw bach ger lan y môr, gyda'i theulu annwyl a'i hanifeiliaid anwes.

Catalina Echeverri

Ganwyd Catalina Echeverri yn Bogota, Columbia, ac mae'n byw yn Llundain gyda'i gŵr o Ogledd Iwerddon a'u tair merch.

Treuliodd Catalina gyfnod yn yr Eidal yn astudio Cynllunio Graffeg, ac yn bwyta pitsa a hufen iâ ar bob cyfle. Pan oedd wedi bwyta'r cyfan, symudodd i Gaergrawnt i astudio dylunio llyfrau plant.

Mae wedi gweithio yn y maes hwnnw ers hynny, gan ddarlunio dros 20 o lyfrau mewn gwahanol wledydd. Mae Catalina yn cadw ei llyfr sgetsio wrth ei hochr drwy'r amser, gan gael ysbrydoliaeth o'r pethau sydd o'i chwmpas bob dydd. Mae'n cael blas arbennig ar weithio ar brosiectau fydd yn gwella bywydau pobl. Dyma ei chyfle cyntaf i gydweithio ag Isla.